U0491147

图书在版编目(CIP)数据

跟着 Wolly 游广州 / 蜗乐居工作室著绘 . -- 重庆 :
重庆大学出版社，2024.6

(纸上大中华丛书)

ISBN 978-7-5689-4028-3

Ⅰ. ①跟… Ⅱ. ①蜗… Ⅲ. ①广州—概况—儿童读物
Ⅳ. ① K926.51-49

中国国家版本馆 CIP 数据核字 (2023) 第 120472 号

纸上大中华丛书

跟着 Wolly 游广州

GEN ZHE WOLLY YOU GUANGZHOU

蜗乐居工作室　著绘

策划编辑：张菱芷　　责任编辑：刘雯娜

书籍装帧：隋文婧　　封面插画：闻悦圆　菀　婷

责任校对：刘志刚　　责任印制：赵　晟

重庆大学出版社出版发行

出版人：陈晓阳

社址：重庆市沙坪坝区大学城西路 21 号　　邮编：401331

电话：(023)88617190　88617185(中小学)　　传真：(023)88617186　88617166

网址：http://www.cqup.com.cn　　邮箱：fxk@cqup.com.cn(营销中心)

全国新华书店经销

天津裕同印刷有限公司印刷

开本：787mm×960mm　1/16　印张：8　字数：189 千

2024 年 6 月第 1 版　2024 年 6 月第 1 次印刷

ISBN 978-7-5689-4028-3　定价：68. 00 元

致所有终将启程的孩子

Wolly 个人小档案
年龄 永远5岁
性别 不详，大部分时候是小男生
星座 热情冲动的白羊
血型 爱挑战的B型
特征 拥有和脑洞一样大的眼睛
爸塞螺，Wolly的老爸
梦想 穿越时空，结交古今大咖。

搭一架C919飞上蓝天!
爱好 最爱旅行探险，在旅途中吃喝玩乐。因为自己速度慢，所以喜爱各种交通工具。最近沉迷于滑雪。
Like!
太和殿的冒险经历真是难忘!
Journey
宋朝的四司六局果然名不虚传!

广州？

我当然知道不是在逛街的粥，

是有虾饺的广州！

目录

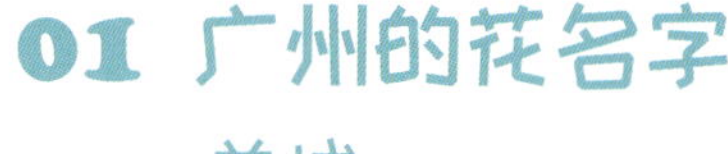

01 广州的花名字

02 千年成长史

大吉大利

CHAPTER

广州的花名字

广州有个美丽的名字，叫“花城”，因为它四季温暖湿润，常年繁花似锦；广州还有个可爱的名字，叫“羊城”，不过它并不盛产羊，而是人们相信这里有仙羊庇佑、永无饥荒。每个名字里，仿佛都藏着一个解读广州的密码。

羊城

广州是广东省的省会，
它有一个别称，叫“羊城”。

广州越秀公园里的五羊雕塑堪称广州的标志。

相传很久以前，广州连年饥荒，百姓吃不饱肚子。这时，有五位仙人骑着羊飞临此处，这些羊嘴里都衔着大把的麦穗。

仙人们把麦穗分给了广州人，便驾云而去，留下仙羊化身为石头，庇佑此地百姓。人们为了纪念仙人的恩德，便把广州称为“羊城”。

或许还真是得了仙羊的庇佑，广州自两千年前建城开始，便始终是一片富庶之地。

这里曾是南越国的都城，百姓勤劳耕作，衣食无虞。

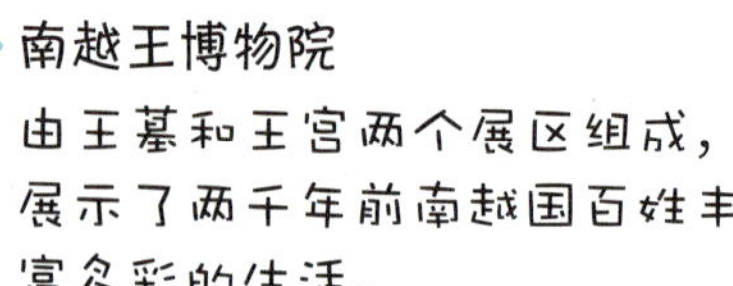

南越王博物院

由王墓和王宫两个展区组成，展示了两千年前南越国百姓丰富多彩的生活。

后来，聪明勇敢的广州人乘风破浪，出海和外国人做生意。越来越多的成功生意人把广州变成了富庶的“千年商都”。

中华人民共和国成立以后，广州还是努力赚钱、促进国家经济发展的排头兵。

中国进出口商品交易会

1957 年，广州创办“广交会”，邀请世界各地的商人直接在会上和中国商人做生意，这可大大加快了中国经济发展的速度。

琶洲国际会展中心

展馆规模位居世界前列。自 2008 年起，广交会均在此举办。

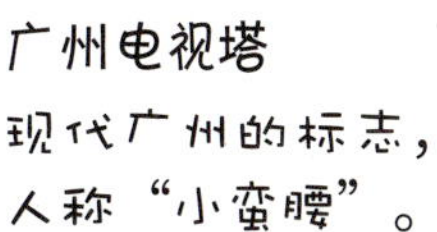

广州电视塔

现代广州的标志，人称“小蛮腰”。

现在，广州与北京、上海并列，是我国的一线城市。

花城

大家还喜欢称广州为“花城”，因为它一年四季繁花似锦，就连大冬天也依然鸟语花香。

每到过年，挤花市、买鲜花、讨个好口彩更是广州人必不可少的迎新传统。

乳茄

果实上有5个乳状凸起，太像一个热热闹闹五代同堂的大家庭了，所以又叫“五代同堂果”。

金桔

粤语中“桔”和“吉”同音，大家都喜欢“大吉大利”！

粤语：广州人说的方言。

桃花

粤语中“桃”和“图”同音，既能“大展宏图”，还能给年轻人招桃花运呢！

越秀西湖花市
每年春节前夕，广州各个城区都会举办盛大的花市，越秀花市是其中最著名的。
年卅晚，行花街，迎春花放满街排……
广州童谣
朵朵红花鲜，朵朵黄花大，千朵万朵睇唔晒……
粤语“看不完”的意思。
难道广州的花朵不怕冷吗？

其实也不是花不怕冷啦，而是广州的冬天压根儿就不冷！

广州在中国的南方，“紧贴”热带，即使是最“冷”的 12 月和 1 月，平均气温也常能达到 15°C，这就是春天的温度啊！

在地球的五个气候带中，热带位于南北回归线之间，是地球上得到太阳热量最多的地区。广州正处在北回归线上，自然得到太阳很多的眷顾。

广州位于**岭南**地区，**北面有五座山岭**，它们连成一片，合力削弱了北方吹来的冷空气。

五岭以南的地区，现特指广东、广西、海南、香港、澳门地区。

越城岭、都庞岭、萌渚岭、骑田岭、大庾岭

兄弟们加油了，过了这山就能直冲广东了，有好吃的哦！

老大，我们从北方长途跋涉，太累了，明年能不能问哪吒借个风火轮？

想冰冻广东?! 得先过我们这关！

加油！把冷空气挡在外面，就用不着穿圆滚滚的羽绒服了。

广州不仅温暖，还有花儿生长最喜欢的水分。这里似乎一年四季都潮湿多雨。

冬春交替时节是广州的“回南天”。那时，南方的暖空气与岭南上空的冷空气相遇，冷暖气团实力相当，僵持不下，不仅让广州潮湿得似乎能拧出水来，雨还会淅淅沥沥地下个不停。

热空气遇冷会凝结成小水滴悬浮在空气中，带来潮湿的感觉。

温暖的气候和充沛的水分让植物茁壮成长，这里的植物长势喜人，它们开出甜美的花朵、结出可口的佳果。

广州盛产水果，足有500多个品种，其中荔枝、香蕉、木瓜、菠萝是著名的岭南四大名果。

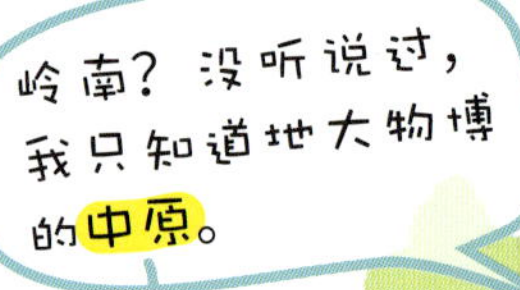

中原常指黄河中下游一带，是中国历朝政治、经济、文化的中心。

好好做官，避免犯错。我可不想被皇帝流放到岭南去受罪！

岭南?！听说那里比我们的沙漠、雪山还恐怖！

不过，湿热的气候对人就不那么友好了。许多古人都害怕来岭南，他们说这里有可怕的瘴（zhàng）病，轻则让人胸闷疲乏；重则让人面黄肌瘦，肚子还会鼓起来！

知汝远来应有意，好收吾骨瘴江边。

出自《左迁至蓝关示侄孙湘》，是韩愈写给侄孙韩湘子的诗，请他在岭南瘴气弥漫的江边收殓自己的尸骨。

古代有很多关于“岭南很可怕”的传说。
竹叶青
传说山林中常常有黑压压的毒气，还有毒蛇猛兽。
眼镜王蛇
银环蛇
圆斑蝰
由于岭南人常常要下水活动，所以他们会文与龙相似的蛇纹，帮助自己抵御水里的鬼怪。
传说那里的人都剪着短发，还有文身，生病也只靠占卜祈祷来痊愈。
传说还有一种叫“蜮(yù)”的怪兽。
平时藏匿于水中，一旦有人经过，就向那人倒映在水中的影子射沙子，而那人竟会生病甚至死亡！
成语“含沙射影”就来源于此，比喻暗中攻击。

其实，这种很严重的瘴病症状就是由疟(nüè)疾引起的，这是一种主要通过蚊虫传播的疾病。

蚊子喜热，成长过程离不开水，古时潮热的岭南地区蚊子很多，所以疟疾成了当时的流行病。

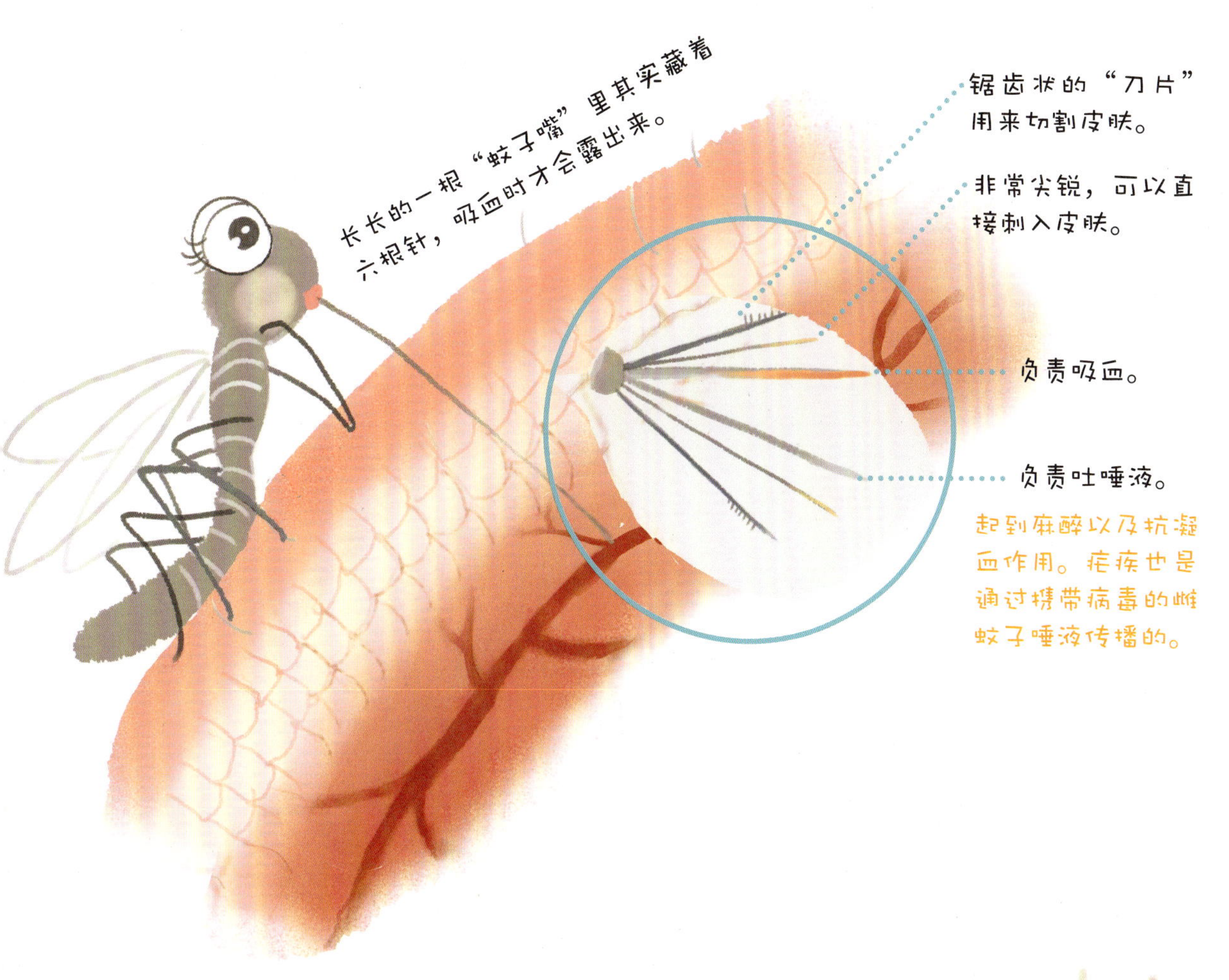

当然，现代城市这么整洁，大大减少了蚊子滋生的环境，可有效防治疟疾，偶尔被蚊子可个包也不用担心了。

挂上用驱虫剂泡过的蚊帐、装纱窗、定期大扫除、清理积水都可以有效防蚊。

常年湿热的天气也会让人有轻微的瘴病症状，就好比一直蒸着桑拿，怎么会舒服呢？

好在聪明的广州人自有应对的妙招——喝凉茶。凉茶既能降火，也能除湿气，是应对湿热气候的必备好茶！

凉茶既不是凉的，也不用茶叶，它是用具有不同功效的药材熬出来的热汤药。

又苦又烫的，怎么是“凉”茶呢？

色 ★☆☆☆☆
香 ★☆☆☆☆
味 ★☆☆☆☆

桑叶
夏枯草
鸡骨草
凉茶中最常用的四种清热除湿的药材。
喝凉茶咯！清热解毒！头痛、脚痛、喉咙痛，一杯凉茶照亮整个人生！

广州

五羊雕塑

南越王博物院

中山纪念堂

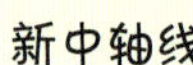

陈家祠

西关大屋

詹天佑故居

永庆坊

粤海关旧址

小蛮腰

现在，四季温暖舒适的广州是一个人见人爱的城市。人们可以在这里探索神秘的古墓，探访著名的黄埔军校，还要“准备好几个肚子”去“装下”数不清的美食。

南海神庙

黄埔古港

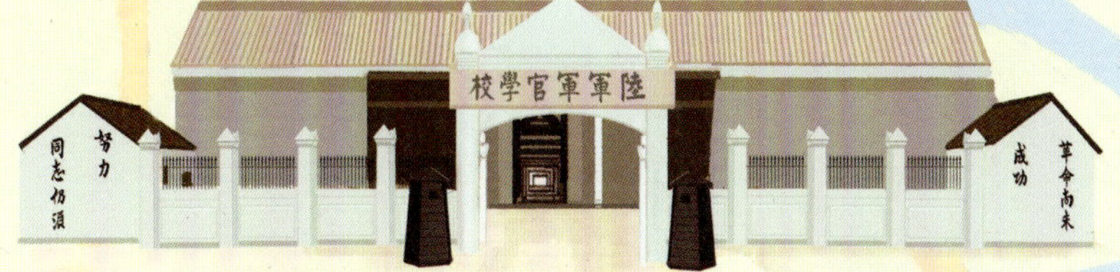

黄埔军校

在广州，还能听到独特的粤语！据说这是最接近古代人说话的语言！

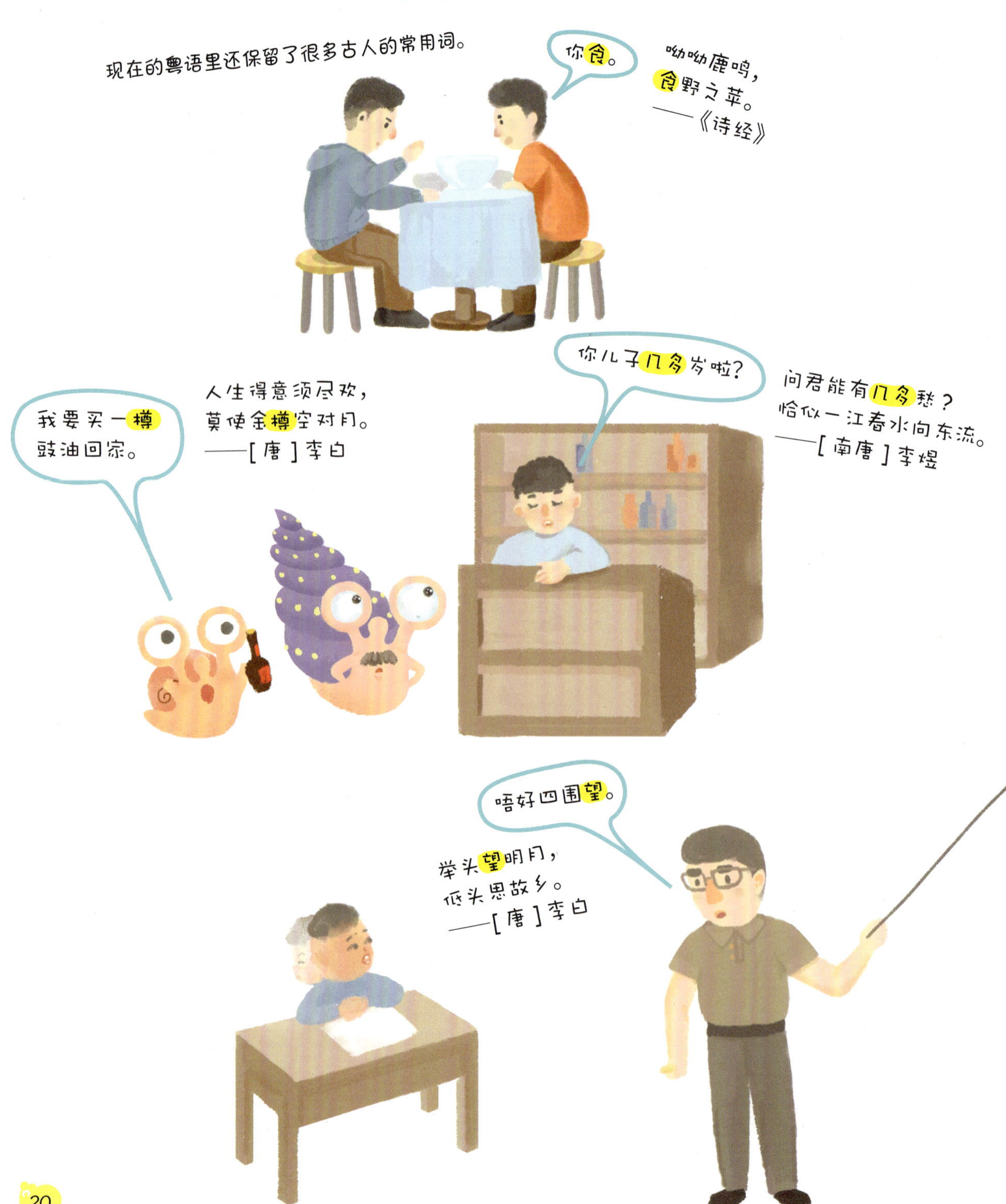

对你唔住，我行先啦。

对不起你，
我先走啦。

粤语也有像古人那样喜欢倒着说话的语序。

粤语	普通话
你有乜（miē）？	你有什么？
我哋（dì）	我们
有冇（mǎo）钱？	有没有钱？
唔系	不是
佢哋（kui diè，发音类似；他或她。）成绩好叻（lè，很棒。）啵。	他的成绩很厉害啊。

如果听到广州人说“吃饭先吃菜”，那到底是先吃饭，还是先吃菜呢？

千年成长史

两千多年前，南越王在这里建立了岭南第一个王国，使广州蜕变为富足之地。此后数千年，这里逐渐成为货通天下的东方大港，以繁华商都的身份傲立于中国南境，为国家、百姓带来财富，更让世界掀起了中国热。

南越王博物院

南越王博物院里藏着两千多年前的**古墓**！

1983年，建筑工人在越秀公园西边作业时挖到了一座古墓。墓室中藏着上千件价值连城的青铜器、金银玉器等珍宝，而且，墓主人身旁竟然还堆了2291块玉片！

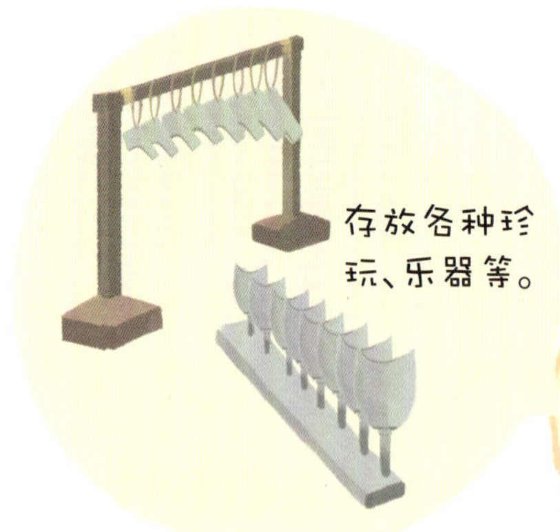

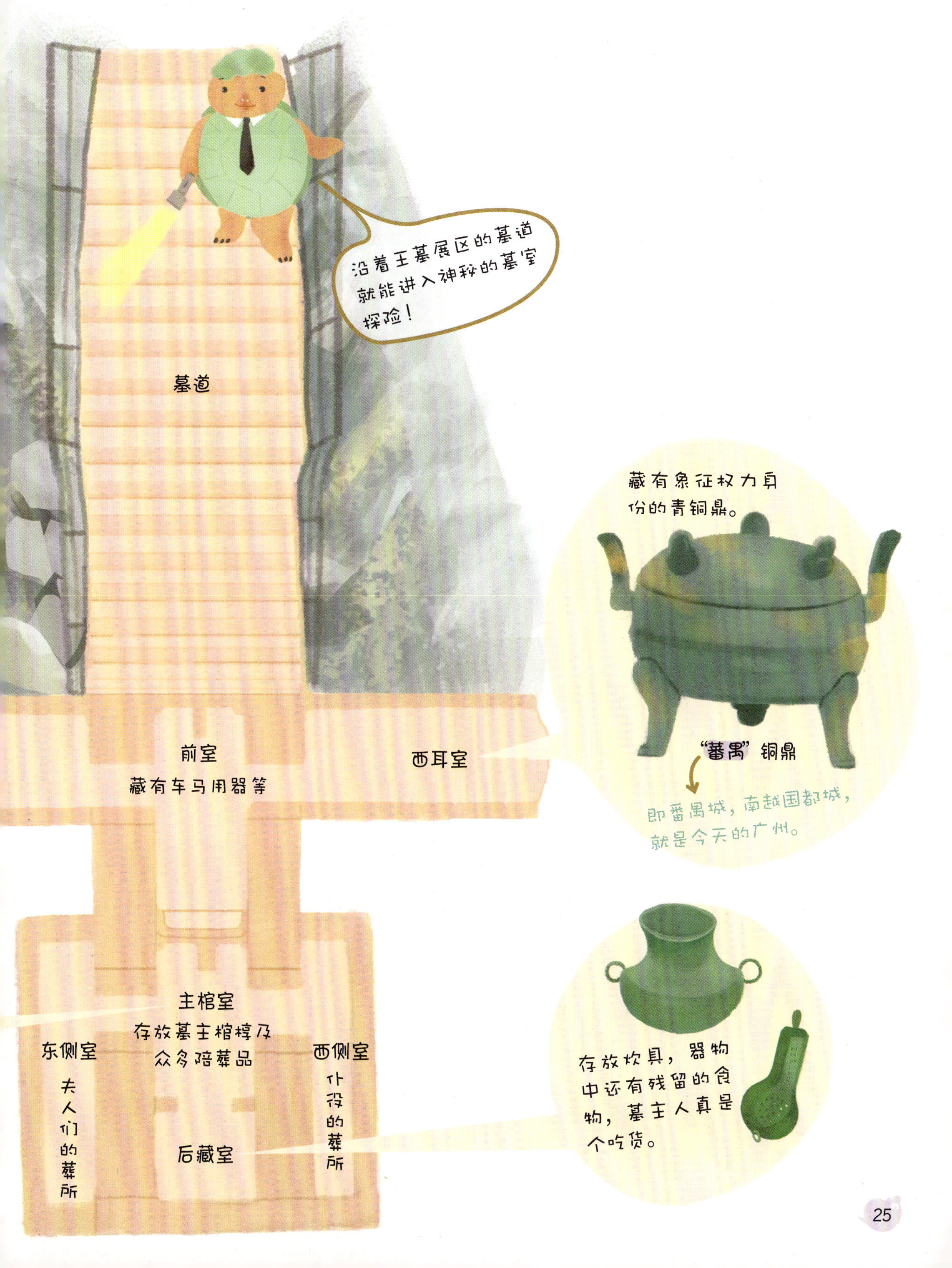

沿着王墓展区的墓道就能进入神秘的墓室探险！

墓道

前室

藏有车马用器等

西耳室

主棺室

存放墓主棺椁及众多陪葬品

东侧室

夫人们的葬所

西侧室

仆役的葬所

后藏室

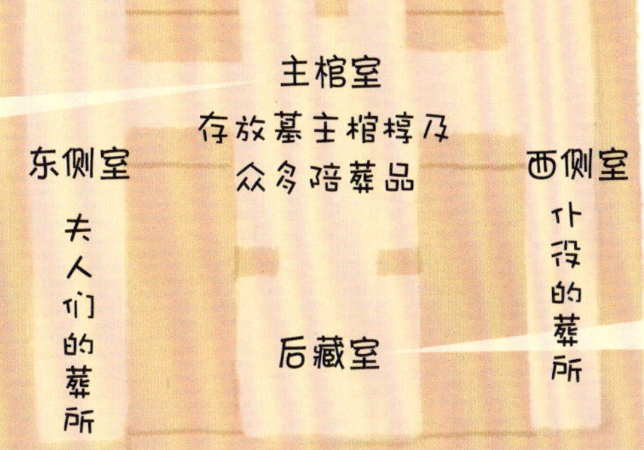

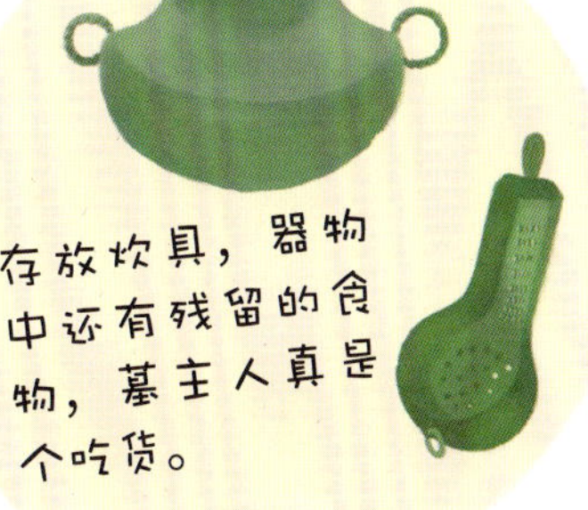

考古学家把墓主人身旁的玉片串了起来，发现那竟是一件丝缕玉衣！

由丝线连接玉片

只有王公贵族才能穿玉衣，我可不是普通人！

丝缕玉衣

1.73 米

“文帝行玺”金印

印面边长 3.1 厘米，宽 3 厘米。

皇帝专用的印章

在墓主人棺椁中发现了一枚刻着“文帝行玺”的印章后，专家才确认了墓主人的身份——南越国第二代国王文帝赵胡！

疆域主要包括岭南地区，首都在现广州境内。

南越国的建立要追溯到赵胡的爷爷赵佗，他原本是秦朝的一位将领，奉秦始皇之命来攻打岭南以扩大疆域。

可是，岭南被攻下没几年秦朝就灭亡了，赵佗便在岭南建立国家，自己做了国王，带着当地人以及从中原来的士兵、百姓一起建设岭南。

发展岭南时，赵佗发现，这里的人们还在使用原始的刀耕火种的方式种地，累死累活也种不出多少粮食，大家常常饿肚子。

刀耕火种种地法

第一步：砍树。

第二步：火烧。

第三步：撒种子。

岭南人不懂如何耕耘土地，土壤因长期日晒雨淋而结块，会失去养分，庄稼也就长不出来了。

第四步：等。

赵佗便向当地人传授了许多中原人种地的好经验！

在南越王墓中出土了很多铁器农具。

铁器比石器锋利，用铁器耕地、碎土、除杂草可轻松多了。

牛的力气比人大，用牛来代替人耕地，事半功倍！

从那以后，岭南人非但不用担心吃不饱，生活更是过得有滋有味。

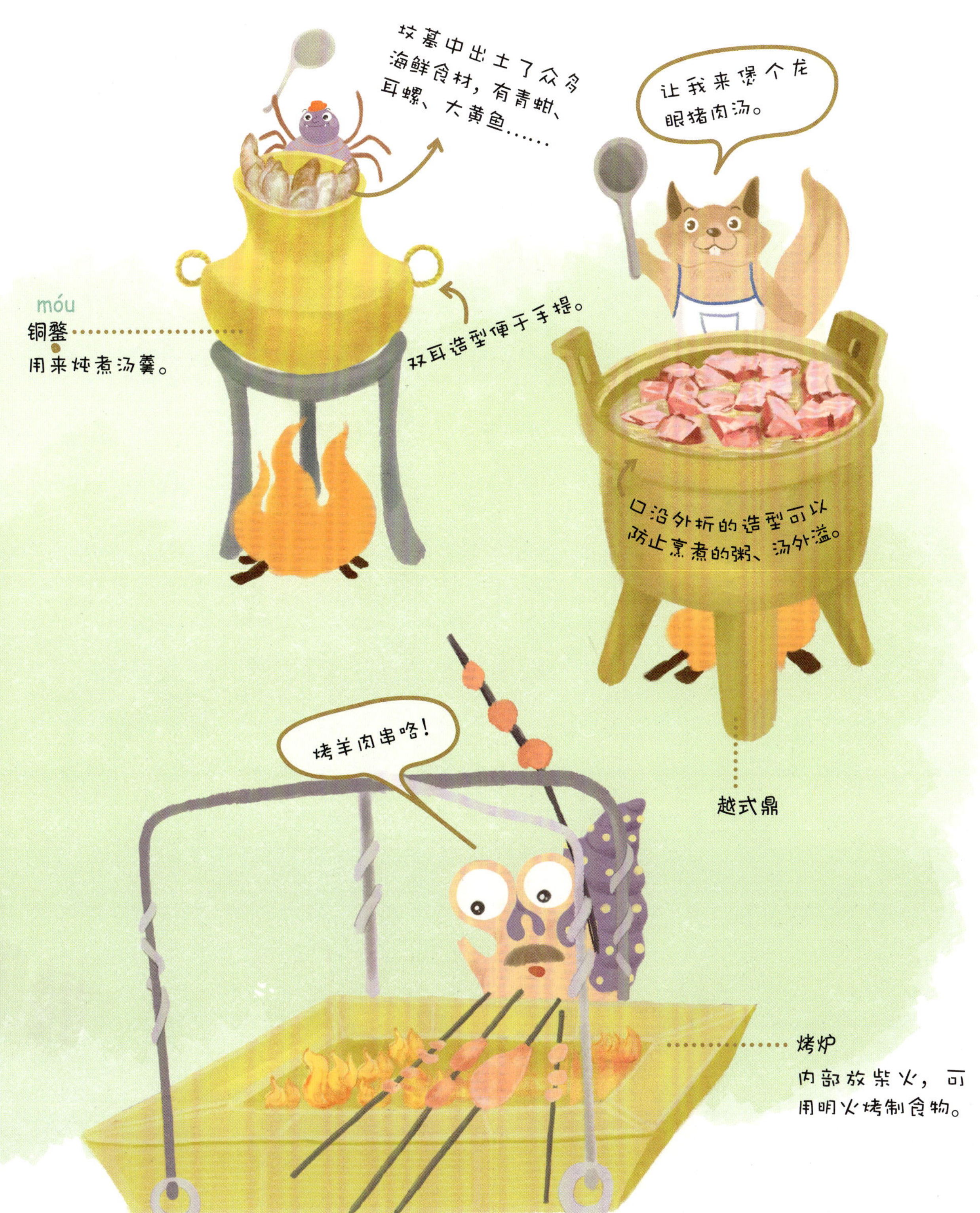
坟墓中出土了众多海鲜食材，有青蚶、耳螺、大黄鱼……
让我来煲个龙眼猪肉汤。
móu
铜鍪
用来炖煮汤羹。
双耳造型便于手提。
口沿外折的造型可以防止烹煮的粥、汤外溢。
越式鼎
烤羊肉串咯！
烤炉
内部放柴火，可用明火烤制食物。

南越王还带着大家制作漂亮的衣服、精致的器具，教人们使用乐器演奏美妙的音乐，大大改善了岭南人民的生活！

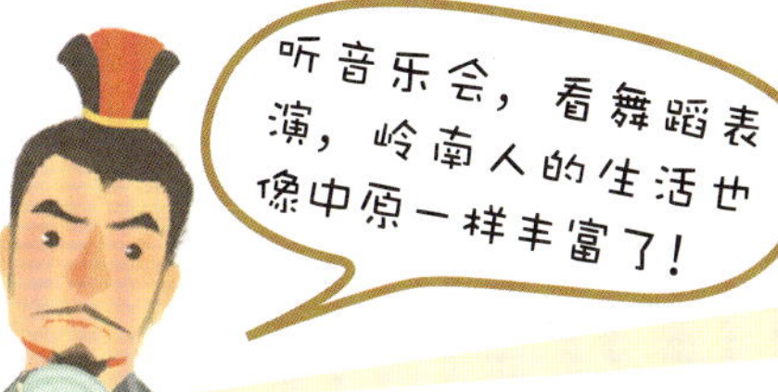

玉角杯

玉质饮酒器具，杯身上环绕着精致的龙纹。

带钩

用于系住腰带的挂钩，相当于现在的皮带扣。

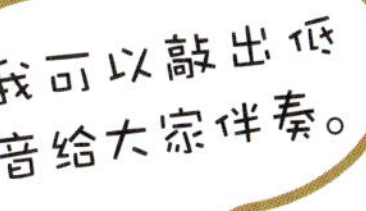

南越王按照秦朝的制度设立乐府，制作乐器、创作音乐。

gōu diào

铜句鑃

江南吴越地区特色乐器。

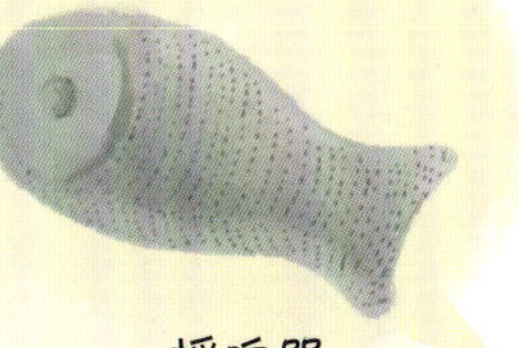

摇响器

中空，内有小砂粒，摇之沙沙作响，是秦国的古老乐器。

玉舞人

跳长袖舞的女舞者，身形婀娜。

南越国慢慢成了百姓丰衣足食的富足王国。建国93年后，并入汉朝，从此成为中国版图上的一分子。

黄埔古港

广州后来没有再做过首都，但它是中国上千年来最重要的商业之都。

广州人擅长做生意，而且是和外国人做生意。在清朝，黄埔古港每天都有许多外国商船进出广州，热闹极了，这里见证了广州作为繁华商都的黄金时代。
看到琶洲塔就是到广州了。
本关生意真是兴隆啊！
英国人带那么多茶叶回去是要炒菜？

早在一千多年前的唐朝，广州为了管理港口上众多来来往往的海外商船，设立了全中国最早的海关。

清朝时期，广州尤其受皇室偏爱。广州海关上交国家的税钱最多，而且，皇室贵族们最爱在广州收罗异域新奇的珠宝和小玩意儿。这使广州港有了“天子南库”的美誉。

你们还想要什么？我再让粤海关去找找。

广州送来的东西最洋气。

清朝时期，法国、美国、英国、丹麦等许多国家都在广州港口边租用商馆，便于他们办公使用。

《十三行风景玻璃画》 现藏于广州十三行博物馆

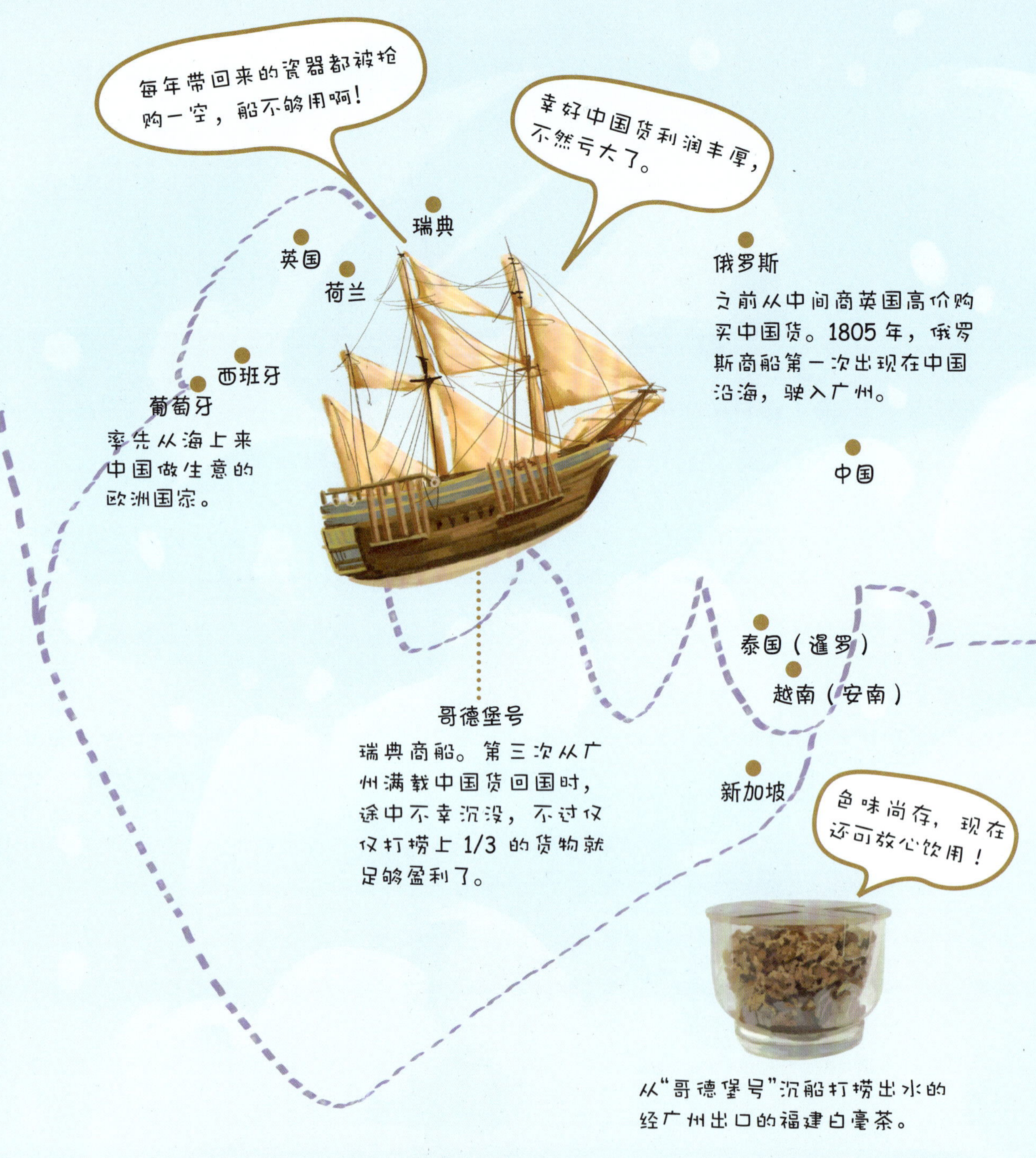

从“哥德堡号”沉船打捞出水的经广州出口的福建白毫茶。

广州商都的名气越来越响，吸引了全世界的商人，各国都争着开通直达中国的航线，后来就把这些通往中国的通商航线称为“海上丝绸之路”。

美国

1784年，刚从英国独立出来的美国也不甘落后，派出“中国皇后号”来到广州。

墨西哥

外国人对许多中国商品的喜爱简直到了痴迷的程度，尤其是好看又耐用的中国瓷器。

自从茶叶传入英国，便是贵族们追崇的高贵饮品。

贵族们纷纷以使用中国瓷器为身份的象征，连喝奶茶时能先倒入开水都成为炫耀的方式。

葡萄牙国王曼努埃尔一世非常喜欢青花瓷，他的皇宫里贴满了用蓝白两色作画的瓷砖。

甚至，这些中国瓷器还引领了欧洲的时尚潮流。

18世纪，正是受到了精致华丽的中国瓷器的影响，烦琐精美的洛可可艺术在欧洲盛行一时。

华贵的礼服
上花枝缠绕，
真像是花的
帝国。
用华丽曲线装饰的家具。
不就是用了我们森林
国的小花枝嘛，怎么
看起来那么漂亮？
为中国瓷器加
上了洛可可风
格的把手。

西关

广州码头附近的西关住着许多打拼的生意人，

他们挤住在又窄又长的竹筒楼里。

西关不是一条路，而是一片区域，大致在今荔湾区的中心地带。明清时期的西关热闹非凡，现在路名里带“栏”字的地方都曾是一个大市场。

卖鱼的市场。

专业的船桨市场。

西猪栏路

塘鱼栏大街

珠玑路

桨栏路

杉木栏路

十三行路

卖杉木的地方。杉木是造房子的重要木材。

做生猪交易的市场。

卖各种珠子的地方。

拼搏创业的商人们有了钱便在这里造大房子，

称它为西关大屋，那可宽敞多了。

西关大屋外墙灰扑扑的，看似平平无奇，但其实它的内饰极其精致讲究，造价十分昂贵。

满洲窗

使用彩色玻璃，在阳光下格外鲜亮绚丽。

青砖墙

制作工艺讲究，比普通的砖更平整。

西关富商的女儿们因端庄淑雅、追求新潮的美丽形象，被称为“西关小姐”。

广州成功的商人还真不少，甚至还出了世界首富。他们做生意可有一套了，懂变通、重信誉，还脑筋灵活。

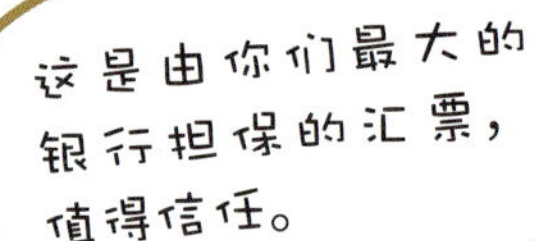

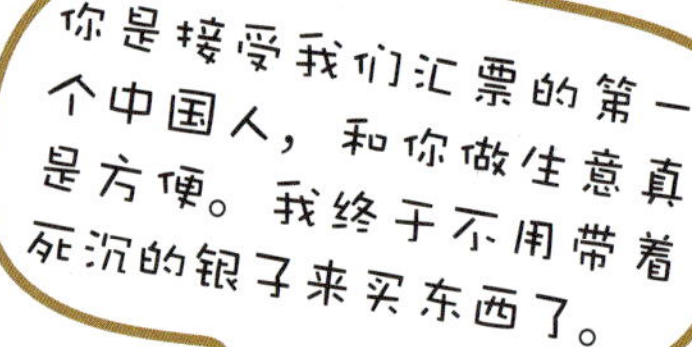

十三行中的商人最早接受外商使用汇票来支付货款。

不是真金白银你也敢收？

广州十三行是广州商人中最成功的群体，出过两位世界首富呢。

这茶发霉了呀！

这是我们的问题，退给我吧。

对卖出去有质量问题的茶叶，他们都会接受退货并赔偿，货真价实的信誉就这样慢慢建立起来。

回收废茶

接受退货要损失很多银子啊！

过去，粤商直接向1000千米以外的景德镇订制瓷器，但由于路途遥远，运送时间长，还有瓷器损坏的风险。为了不做亏本生意，他们灵机一动，提前从景德镇订购各类半成品白瓷，再按订单绘制纹样并烧制，这样大大提高了效率。

这种在广州绘制再销往海外的瓷器糅合了我国传统彩绘风格和欧洲浪漫轻快的色调，看上去色彩艳丽、雍容华贵，也称广彩瓷，销路非常好。

为了做成外国人的生意，聪明的粤商根据自己说话的习惯发明了“广东英语”，这和英语可差太多了。

所有单词按中文意思排列。

You are I No.1 old friend,
你 是 我的第一号 老友，
you be long honest man,
你 是一个 最诚实的人，
only go no chance.
只是 不走 好运。

谢谢！

但外国人居然真听懂了，一笔又一笔的生意就这样做成了。

中文“请”的发音。

Chin-chin, how you do, longtime my no
请请， 你好吗， 很长时间 我没有
hab see you. What thing wantchee?
看到 你。 你需要什么？

广州人根据自己的发音习惯，在一些以t、ch、k等结尾的单词后面增加尾音，所以want的发音是wantchee。

用粤语念出来和英语发音还真神似。

	注音	翻译
how much money?	哮抹治扪利	多少钱?
Don't bother me.	东地破打尾	不要打扰我。
Be still.	卑士地路	不要出声。
Come here.	衿希丫	来这里。
Give it to me.	机乎咽都尾	给我。
Do it now.	都咽闹	现在就做。

当时有一本叫《鬼话》的“广东英语”小册子，它竟然用粤语给英语注音，这样人人都能说英语了。

粤语中还吸收了很多英语单词的发音。

士多啤梨

读音类似草莓的英文 strawberry。

菲林

读音类似胶卷的英文 film。

巴士

读音类似公交车的英文 bus。

“旧”与“新”的变奏曲

在五岭保护下，广州很少被战火波及，传统文化在这里得以代代传承——随处可见的祠堂见证了家族情谊的延续，万人空巷的庙会表达了对神灵庇佑的感激。同时，靠海的广州也有着宽广的胸襟，乐于接纳“新”文化——“中国铁路之父”詹天佑、“国父”孙中山都是勇于为中国的发展开拓创新的先驱者。

陈家祠

神龛

供奉祖先神位。

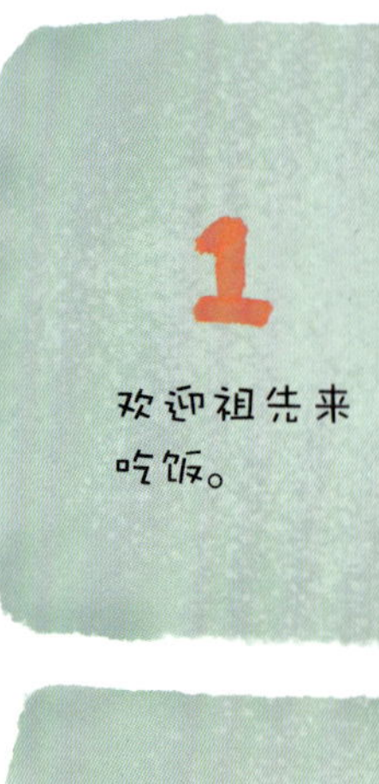

梁氏宗祠、胡氏宗祠、冯氏大宗祠、陈家祠……广州的**祠堂**多得都可以集齐百家姓了。古代的大家族都有建祠堂的传统，用来供奉祖先灵位。

祭祖啦！
祠堂最重要的活动是祭祖仪式。
跪拜。
祭祀司仪
献酒。
感谢祖先啊，保佑我们Wolly快快懂事吧。
3
请祖先吃的饭当然越丰盛越好。
4
焚烧的祭品是给祖先的礼物，寄托了后人的敬意。
太公分猪肉啦！大家都有份。
由宗族中地位最高的人将作为祭品的猪肉分给每一个宗族成员。
祭祀结束后，晚辈们分享祭品，获得祖先的福佑。

陈家祠是广州最大、最漂亮的祠堂，它不只是一个家族的祠堂，而是广东 72 个县的陈姓族人共同的祠堂。由于集结了所有陈姓人的心血，陈家祠被建造得特别美，堪称“**岭南建筑艺术明珠**”。

独占鳌头

古代宫殿门前有鳌鱼浮雕，皇帝在殿前召见新考中的状元、榜眼等人时，状元正好跪在鳌鱼浮雕的头部，所以“独占鳌头”有考中状元之意。

陈宗祠还能给来广州备考科举的陈姓子孙当旅馆，所以建造得很大。

连廊

两侧连接门厅与中堂的连廊都使用了寓意美好、样式精美的铁铸装饰。

中进中厅

也叫聚贤堂，是陈宗祠的中心，以前是陈氏族人议事聚会的地方。

后进中厅

祭祖大厅，最多时曾经供奉5000多个陈氏祖先牌位。

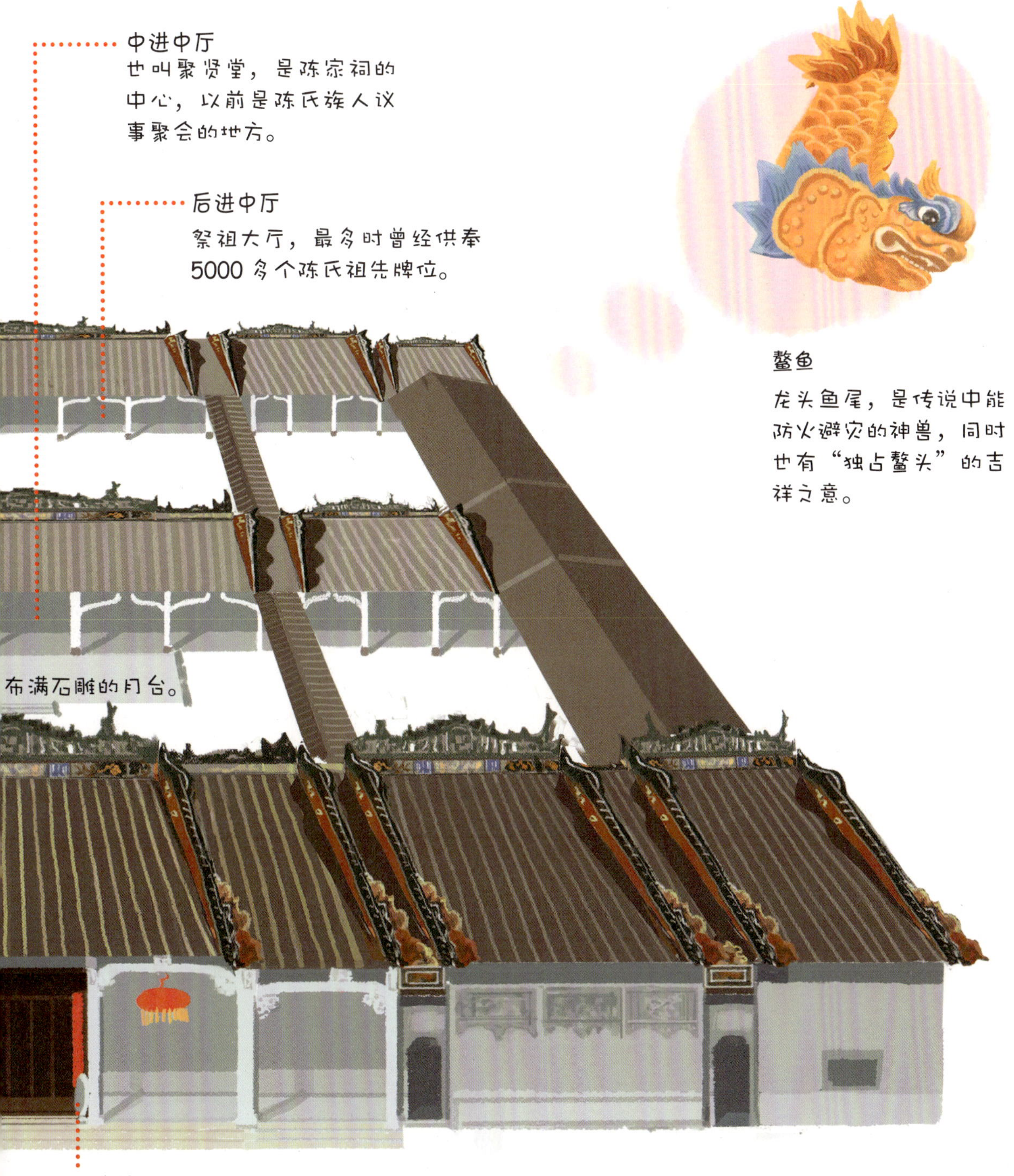

鳌鱼

龙头鱼尾，是传说中能防火避灾的神兽，同时也有“独占鳌头”的吉祥之意。

布满石雕的月台。

石抱鼓

门前硕大的石鼓象征宗族高贵的地位。陈氏出过很多贤人，有带着中国第一批学童赴美留学的陈兰彬、暨南大学创始人陈伯陶等。

陈家祠中精巧的雕塑几乎布满了顶檐、厅堂、院落，它们都寄托着陈家人的美好愿望。

狮子
中华文化中尊贵的象征。

陈宗人把我们都做得圆圆胖胖的，不知道老祖宗们还认识我就是蝙蝠吗？

蝙蝠
“蝠”与“福”同音，陈宗祠内有3000多只蝙蝠雕塑，陈宗人真是要把全世界的福气都留在这里了。

金鱼
“金鱼”与“金玉”谐音，有“金玉满堂”之意。而且还雕了九条大金鱼，“九”代表最大，陈宗人要起吉祥来还真是不客气啊。

屋顶上的“公孙玩乐”雕塑中，儿孙们承欢祖辈膝下，透着浓浓的宗族亲情。

月台上有逼真的菠萝、杨桃等佳果石雕，陈氏子孙们把最好的果品都献给祖先了。

制作灰塑的主要材料有石灰、沙子、稻草、玉扣纸、红糖、糯米粉和铜丝、铁钉等。

使灰塑表面光滑。

使石灰变得柔软，同时又增加黏稠度。

屋顶上那些色彩丰富的大型雕塑大多是灰塑，它们是用石灰制成的，能够吸潮除湿，非常适合广州的天气。真是既漂亮又实用啊！

1 在建筑物上用铜丝、铁钉等搭出灰塑的骨架。

2 根据骨架造型，用草筋灰捏出灰塑的形状。

石灰：稻草秆

纸：石灰

3 用细腻柔滑的纸筋灰塑造灰塑细节，并上色。

最后加工细节并上油，使灰塑的颜色鲜亮持久。

南海神庙

始建于隋朝，位于广州古代重要的扶胥港边，是全中国保存最好、规模最大的海神庙。

广州还有热闹的庙会传统。

庙会上最盛大的活动是“五子朝王”。

乡民们抬着南海神五个儿子的神像浩浩荡荡地巡游到南海神庙，这不就是儿子给老父亲祝寿嘛。

每年在南海神庙举办的“南海神诞”是广州格外热闹的庙会。

“诞”是生日，南海神诞就是给南海神举办生日宴会。

南海神的生日是农历二月十三，庙会通常持续三天。

但是，广州人习惯称“南海神诞”为“波罗诞”，南海神庙是“波罗庙”，还有波罗鸡、波罗粽，怎么都是“波罗”啊？

难道这里藏着很多菠萝？

波罗鸡

“波罗诞”特有的吉祥物，“鸡”与“吉”谐音，也有“吉祥”的好寓意。

这和菠萝其实没关系。传说广州曾经来了一位古波罗国的使者，因为没赶上回国的船，就一直住在这里。

他像在自己家乡一样也在南海神庙里种下了许多波罗树，大家都喜欢他，慢慢地就将这个外国人神化为南海神的助理，还把所有和南海神相关的东西都叫“波罗”。

“南海神诞”可是个热闹了上千年的庙会，因为**南海神**对出海频繁的广州人非常重要，他们都要拜神保佑“海不扬波”。

唐朝玄宗皇帝还封南海神为“广利王”，专程派官员用王侯的规格祭拜。

詹天佑故居

“中国铁路之父”詹天佑是第一个把西方的铁路建在中国土地上的中国人，他可是地道的广州人。

位于恩宁路旁的十二甫西街芽菜巷。

不过，詹天佑11岁时就被父母送出国学习，

是中国最早留洋美国的小留学生呢。

告示

这些留美的孩子绝大部分是广东人，他们的父母真是敢冒险。

政府选派幼童30名，留美学习军政、船政、布算、制造等先进技术……学制为15年。幼童出洋的所有费用由清政府承担。

把这么聪明的孩子送到洋人那里干什么！

听说洋人很凶残！

临行前，所有孩子的父母都和清政府签订了“生死状”：留学途中，孩子生病或意外死亡，政府概不负责。

当时美国的先进技术早甩了清朝好几个跟头，着实让小詹天佑大开眼界。尤其是他刚到美国就坐上了火车，这个笨重的“大怪兽”始终跑在两条闪闪发光的钢铁轨道上，速度像飞一样快！

这在小詹天佑心中留下了难以磨灭的印象，他下定决心，也要在自己的家乡建造这样一条能跑“大怪兽”的铁路。

怀揣着造铁路的梦想，詹天佑后来进入了耶鲁大学专门学习如何修建铁路。

詹天佑学成归国成为铁路工程师，但要在中国**修筑铁路**太不容易了。当时在中国横行霸道的外国侵略者根本不让中国人自己修，他们可没安什么好心，因为修铁路就能掌控中国的土地。

我们修！长城以北的事情，都要听我们俄国的！

你们的钱都放在我们英国的银行，当然该由我们修了！

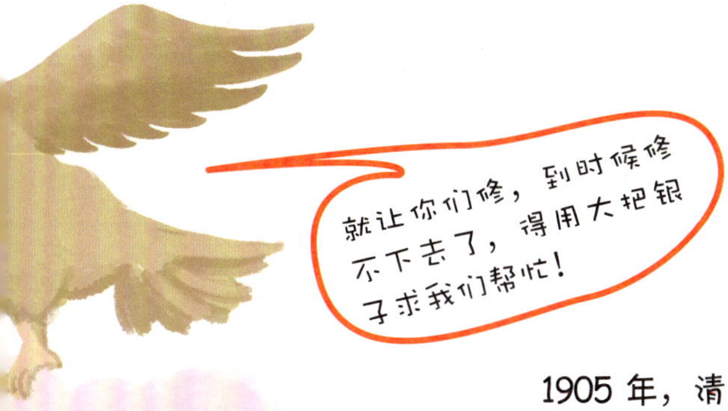

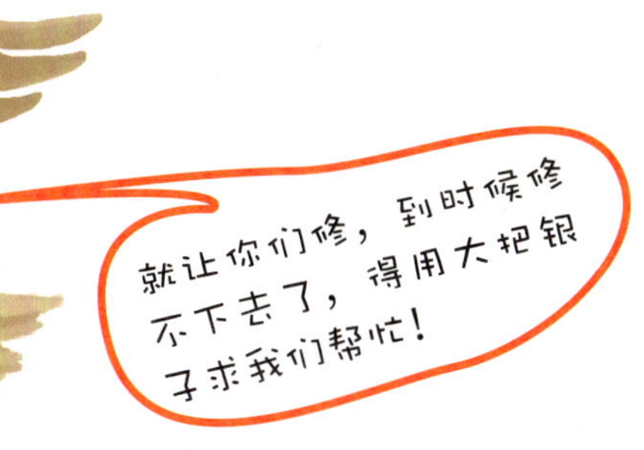

1905 年，清政府一提出准备修筑从北京到张家口的铁路，许多国家就吵着要帮中国修铁路。他们谁也不让谁，最后决定让清政府自己来修建。其实，他们认定清政府自己肯定修不了，还得求助他们。

姓名：詹天佑
学习、工作经历：
1872 年 留美学习。
1878 年 考入耶鲁大学土木工程系并专习铁路工程。
1881 年 毕业归国。
1888 年 成为铁路工程师，参与修筑多条铁路。

临危受命的詹天佑接受了这项异常艰巨的任务。

要知道那段路都是崇山峻岭，中国哪有技术修建能让火车翻山越岭的铁路呀！

京张铁路最险峻的路段在关沟段八达岭，坡度极大。

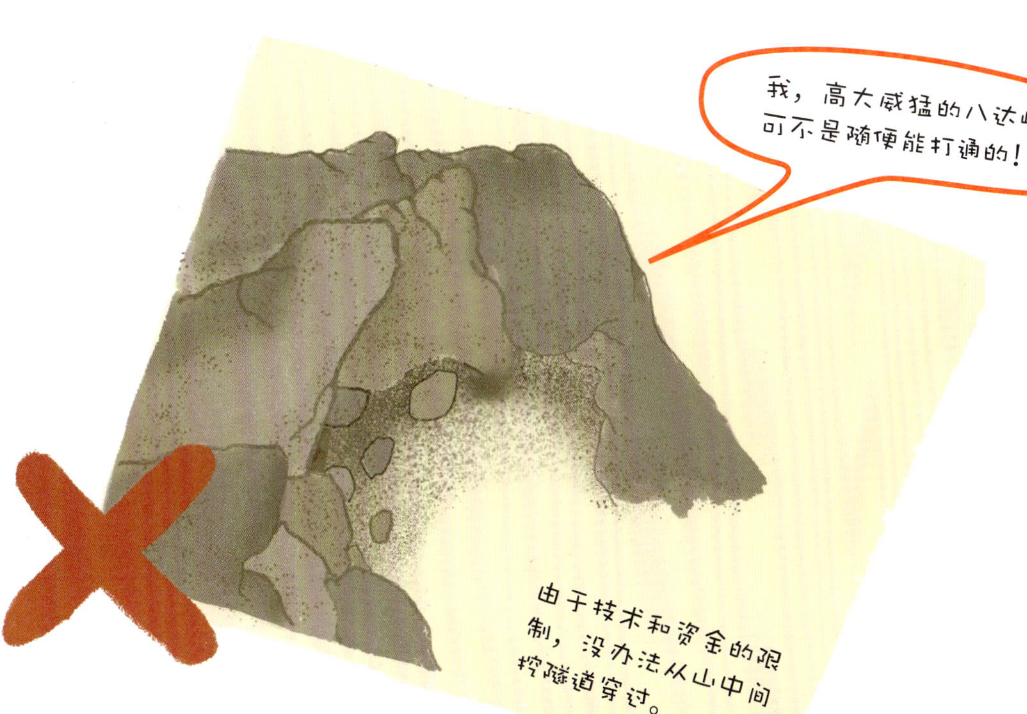

詹天佑常常骑着小毛驴在崎岖的
山径上奔波，白天翻山越岭勘探
地形，晚上在油灯下绘图计算。

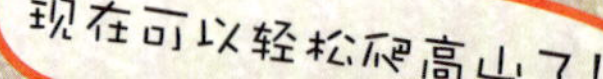

面对着重重困难，詹天佑另辟蹊径，一改普通直着上山的修筑方法，创造性地修建了一条“人字形铁路”，采用迂回战术克服了高山的阻碍，成功地建好了这段铁路。

形状像汉字“人”一样的爬坡铁路。

拉我一把！

火车用两台蒸汽机车头来牵引，一个在前面拉，一个在后面推，增加了火车爬坡的动力。

“人字形铁路”可以延长火车爬坡的路程，从而减缓坡度。

过了“人”字形线路的岔道口，列车就倒过来开，原先的火车头变火车尾推火车上山，原先的火车尾变火车头拉火车上山。

嘿！兄弟，推我一把！

这大大地鼓舞了中国人的自信心，也向全世界宣告：中国人有能力、有技术修筑铁路！

今天，我们乘火车去八达岭，在青龙桥车站还能看到纪念詹天佑的铜像。

中山纪念堂

中山纪念堂是为了纪念**孙中山**而建造的，那蓝色琉璃瓦的屋顶代表了至高无上的天，传递着人们对孙中山满满的敬意。全国还有数不清的中山路、中山公园，这一定是一位了不起的人物。

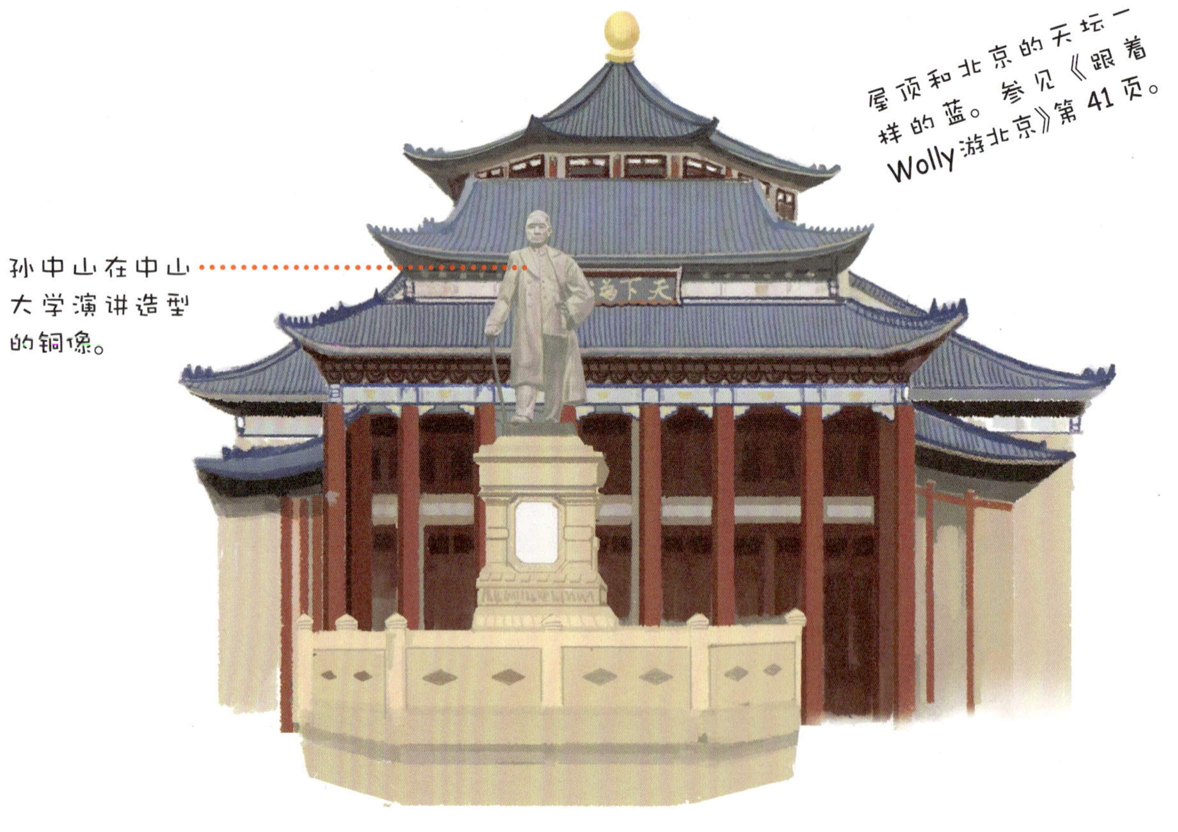

孙中山可不得了，他想要推翻中国人心中延续两千多年根深蒂固的皇帝最大的思想，这可是开天辟地的事。他第一次轰轰烈烈闹革命的地方就在广州。

“孙文”又是谁？

天下為公 孫文

纪念堂前“天下为公”的匾额是孙中山亲笔题写的。

孙中山有好几个名字，都藏着他非凡的志向。

孙帝象、孙文：
1866年出生，乳名叫“帝象”，学名“文”。

孙日新、孙逸仙：
13岁时为自己取号“日新”，意在要给祖国日新月异的面貌。

根据广东方言的谐音，“日新”又称“逸仙”。

中山樵：
因革命遭到追捕而逃到日本，化名“中山樵”，希望自己能像樵夫一样披荆斩棘，破除一切困难。

孙中山
后来，人们把孙文和中山樵连在了一起，就有了这个更广为人知的称呼。

19 世纪的中国总被列强欺负，不知道挨了多少打，可清政府完全不思进取，以为赔点银子和土地，国家还能像以前一样繁荣。苦的全是老百姓。

鸦片战争

1840 年，英国政府以林则徐虎门销烟等为借口派出远征军，发动的侵华战争。

第二次鸦片战争

1856年由英国和法国发动的侵华战争，英法联军一口气打进了首都北京，烧毁了圆明园。清政府又赔了许多银子，签订了一系列不平等条约。

甲午中日战争

1894年（甲午年）日本为侵略中国和朝鲜发动的战争。战败后清政府不仅赔了2亿两白银，还割让了很多岛屿给日本。

八国联军侵华战争

1900年，以英、俄、日、法、意、美、德、奥为首的八个主要国家联合起来对中国发动的战争。清政府这次可要花39年连本带息赔各国9.8亿两白银。

好好的国家都快被外来的强国瓜分完了，钱也要赔光了，清政府官员们还是只会压榨百姓，自己享乐，真是急死人了！

一只熊在东北徘徊，它的头上是象征着俄罗斯帝国的双头鹰标志。

昏昏欲睡的清朝官员们，手中拉着网绳，不抓侵略者，倒是网着读书、练武的中国人，让他们继续考救不了国家的科举考试。

架着德国国旗的香肠圈牢牢锁住山东半岛。

太阳代表日本的国旗，它的光芒辐射中国北方，还紧紧套住了台湾岛。

漫画《时局图》谢缵泰 1898 年

蛤蟆贪婪地向中国西南伸出手，它的背上是法国国旗。

盘踞长江一带，一只眼睛还看向别处的狗，它的脑袋上有英国的国旗。

一只鹰衔着美国国旗，急匆匆飞来，它也想分一杯羹。

还不止啊，周围围着一圈虎视眈眈的动物们。

在这危难时刻，孙中山提出了革命性的“三民主义”思想，号召人们不再服从清政府的昏庸统治，自己管理国家、拯救国家。他勇敢地站在了清政府的对立面。

人民是皇帝的子民，只能听皇帝的命令。

国家属于皇帝。

在清政府统治下，只有皇帝和贵族有花不完的钱。

这可是大逆不道的谋反！但是，越来越多的人开始醒悟，不能盲从皇帝，大家跟着孙中山闹革命，最终推翻了清政府，建立了一个没有皇帝的国家——中华民国，大家推选孙中山为临时大总统。

中华民国建国之初使用的国旗。

孙中山想让人民共同掌管国家，但是遭到了许多还做着皇帝梦的军阀的反对，他们太有权势，孙中山就任才一个月就不得不辞去职位。

当时拥有军队和统治地盘的人。其中，拥有地盘最大的要数张作霖、孙传芳、吴佩孚三人。

此后，中国又陷入了混乱，孙中山总结失败的教训，再一次“升级”了“三民主义”，提出更多拯救国家的方法。

Great Job!

You Get

武器

攻击力

Lv2

技能

工会条例

“民族主义”号召中华民族团结起来，共同抗击敌人。

“民权主义”赋予人民许多实实在在的权利，例如投票权、选举权……

“民生主义”提出许多具体改善人民生活的政策，例如出台了《工会条例》保障工人权益。

救国不是件容易的事，1925年，没来得及完成夙愿的孙中山不幸病逝，但是他开拓性的思想深深影响了后来者。

孙中山在广州留下了一文一武两座培养革命人才的摇篮——国立广东大学和中国国民党陆军军官学校，也就是现在的**中山大学**和**黄埔军校**。

孙中山的遗言，鼓励人们把革命进行到底。

篤明慎審博
行辨思問學

孙中山先生亲笔题写了“博学、审问、慎思、明辨、笃行”十字训作为国立广东大学的校训。

黄埔军校校址设在广州东南的黄埔岛。

为纪念孙中山先生的功绩改名为国立中山大学。

为了创建拯救中国危亡的强大军队，黄埔军校不仅有严明的军纪规范，还要培养学员不畏生死、一心救国救民的战斗精神。

黄埔军校的学员不仅要学习军事专业知识、军事条例，还要在生活的各方面严格要求自己。

许多学员入学才四个月，就勇敢地冲向战场前线。

战争中，许多年轻人牺牲在前线。

CHAPTER 04

舒舒服服“叹生活”

现代的广州高速发展，一座座地标建筑争奇斗艳，既有“小蛮腰”也有“大肚腩”，但是钢筋水泥不曾冷却广州人对生活的闲适追求，他们更爱慢下来“叹生活”。在美食中享受悠悠的生活滋味，体味浓浓的家庭情意；在焕发出新活力的“最美老街”上细数温暖的旧时光……

广州塔

广州塔位于**广州的新中轴线**上，这条线可集结了广州众多的“大牌”建筑地标。

你有小蛮腰，我是大肚腩。

广州国际金融中心

目前广州的第二高楼。

我可是个文化人。

广州图书馆

世界上最大的图书馆之一！从空中看就像一个“之乎者也”的“之”字。

感觉自己正在变身。

广东省博物馆

表面有许多镂空的洞洞，这是模仿广东传统的工艺品——象牙球设计的。

广州大剧院

采用不规则的几何形体设计，有着扭曲倾斜的外观，仅外表面就有64个面！

海心沙
珠江江心的一片沙洲，四面环水，风景特别美！许多体育盛会、演唱会都会在这里举办。
我练了很久才有这腰身的。
带着一群小屁孩可以拍一张大片。
广州塔
赤岗塔
八角形楼阁式青砖塔，建造于明代，已经400多岁了！

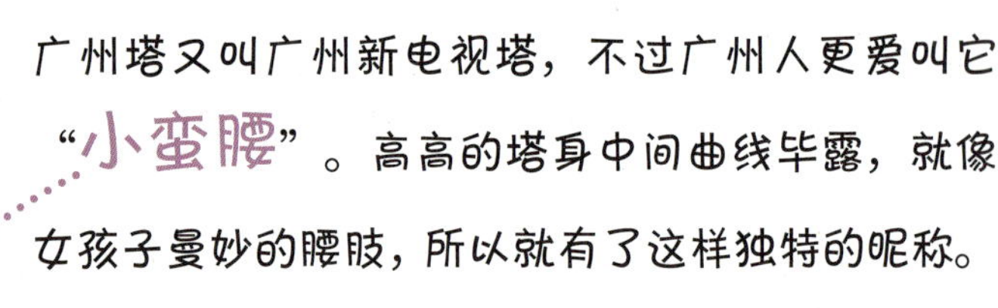

广州塔又叫广州新电视塔，不过广州人更爱叫它“小蛮腰”。高高的塔身中间曲线毕露，就像女孩子曼妙的腰肢，所以就有了这样独特的昵称。

白居易曾写诗赞美一位名叫小蛮的女子“杨柳小蛮腰”，也就是说小蛮的腰肢像杨柳一样苗条纤细。后来人们就用“小蛮腰”来称赞女孩子的细腰。

虽然没有其他人壮，但要干的活样样精通。

姓名：广州塔
昵称：小蛮腰
体重：超过10万吨
工作：发射电视信号、观光游览

传统的电视塔往往就像一根筷子串着一个个甜甜圈。
嘿，你怎么长得和我们不一样？
哎呦，我的小肚腩！
上海东方明珠广播电视塔
加拿大国家电视塔

“小蛮腰”有非常稳固的地基，最深处达 40 米，由三个部分共同支撑这个大巨人。

24 个混凝土竖井环绕一周

别看“小蛮腰”腰肢纤细，像柔弱少女，事实上，它有着强壮的钢铁之躯。

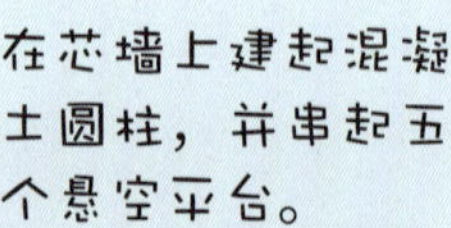

在芯墙上建起混凝土圆柱，并串起五个悬空平台。

容纳电梯和楼梯。

安放设备和修筑观景平台。

在混凝土竖井的地基上修建钢立柱包裹住塔身。

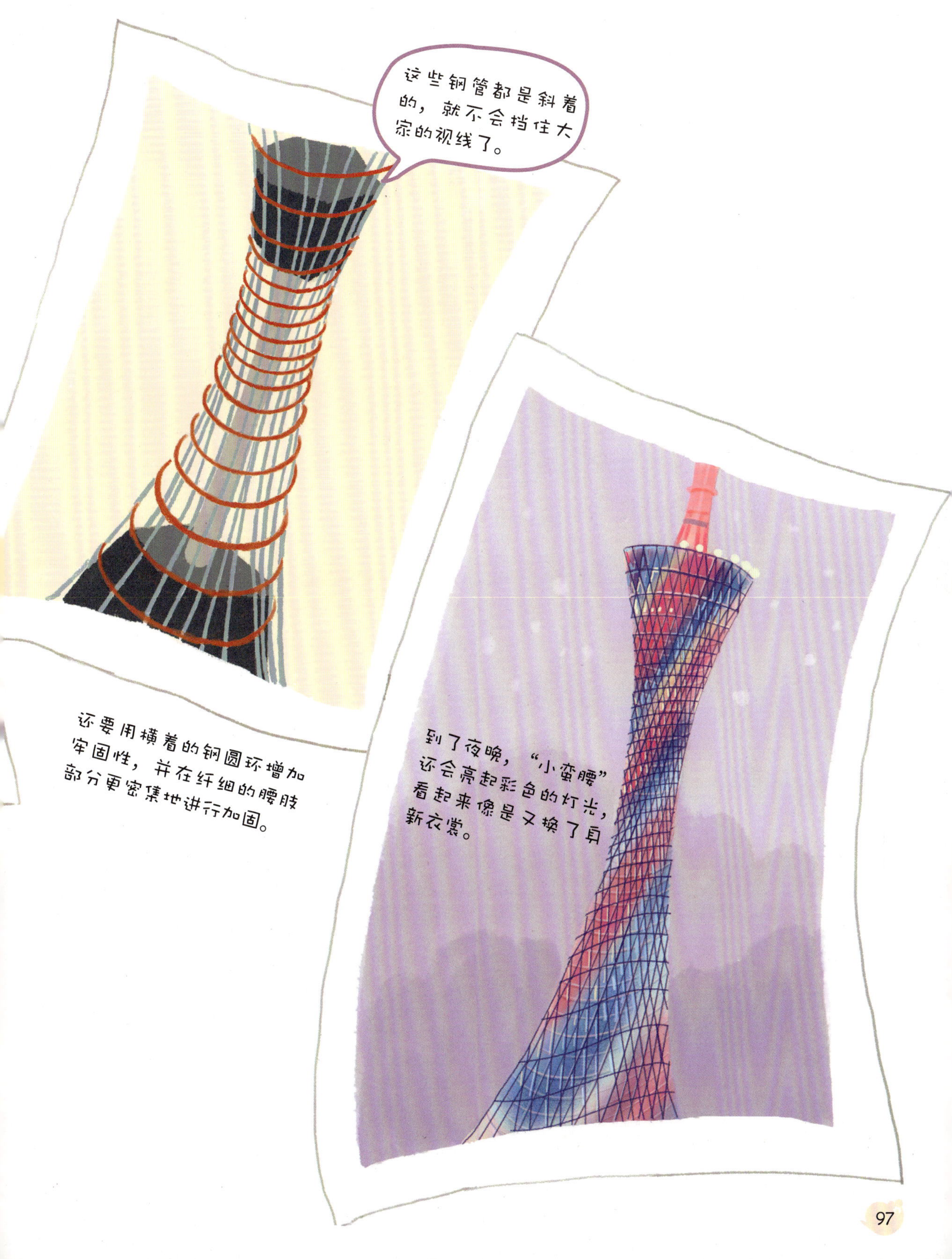
这些钢管都是斜着的，就不会挡住大家的视线了。
还要用横着的钢圆环增加牢固性，并在纤细的腰肢部分更密集地进行加固。
到了夜晚，"小蛮腰"还会亮起彩色的灯光，看起来像是又换了身新衣裳。

"小蛮腰"不仅有独特的身姿，还是吃喝玩乐的集结地，难怪成了广州最具特色的地标！

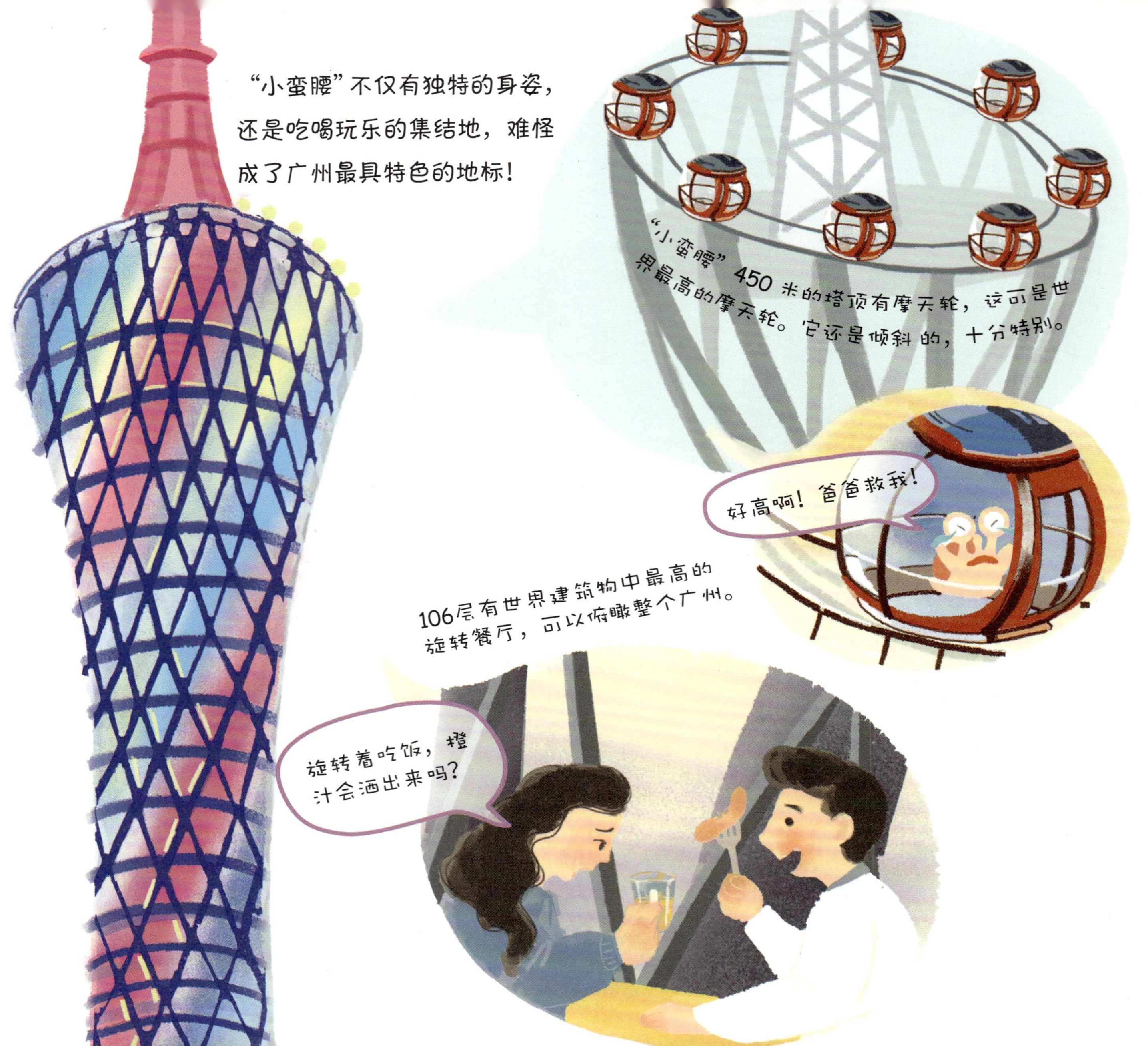

咦，我恐高症的儿子去哪里了？
塔身中间有一段“蜘蛛侠栈道”，楼梯沿着塔身中的圆柱盘旋向上，人走在上面看起来就像蜘蛛侠趴在外墙上一样，真是太酷了。
还可以在“小蛮腰”周边郁郁葱葱的绿地上尽情和蝴蝶玩游戏呢。

永庆坊

广州并不是一味地往前追求新潮。在广州人心中，诞生于1931年的恩宁路一定是广州最美的道路。街道两边的老骑楼承载着广州人无数的旧时记忆。

恩宁路曾经是西关繁华的街区。

张阿姨，这是我妈妈刚做好的炒河粉，给你一碗尝尝。

赶紧把鞋脱了，地上凉凉的，真舒服。

骑楼

跨在街道上的楼，就像骑在马上。骑楼下的长廊遮阳又挡雨。

喂——来一份飞机榄。

飞机榄

小贩可以把橄榄抛上三四层楼高给顾客。这个橄榄就像是坐飞机上去的。

来咯，接住！

西关打铜人

从前，铜器是身份的象征，只有西关大户人家才用得起，所以西关铜器尤为出名。

背着装满腌制橄榄的铁箱。

我是一只古墓派的猫。
我们来比一比谁爬得高。
你小心不要夹到头。
趟栊门
岭南传统民居的特色正门。
永庆大街
麻石街
下雨天不打滑，排水性能好。广州天气时晴时雨，普通街砖易长青苔，但麻石不会。
鸡公榄
八和會館
八和会馆
粤剧艺人建立的粤剧组织，彩排剧目时对公众开放。
新鲜的豆花欸。
牛杂

为了留住这些**老广州特色**，广州人对恩宁路上已经破旧的永庆大街做了房屋美容，把它们变成了一幢幢新的“旧”房子。永庆大街摇身变成新时尚与旧传统相结合的永庆坊。

“街坊”在粤语中是个充满人情味的词，有“街巷邻里”的意思。广州商场中常出现“益街坊”的字眼就是“给大家带来便宜”的意思。

永庆坊里有许多广州传统的老东西，比如鸡公榄、灰塑，还有一种奇怪的大门，一眼望去就是一个大木框，中间横架着密密麻麻的圆木，这就是广州最有特色的趟栊门。

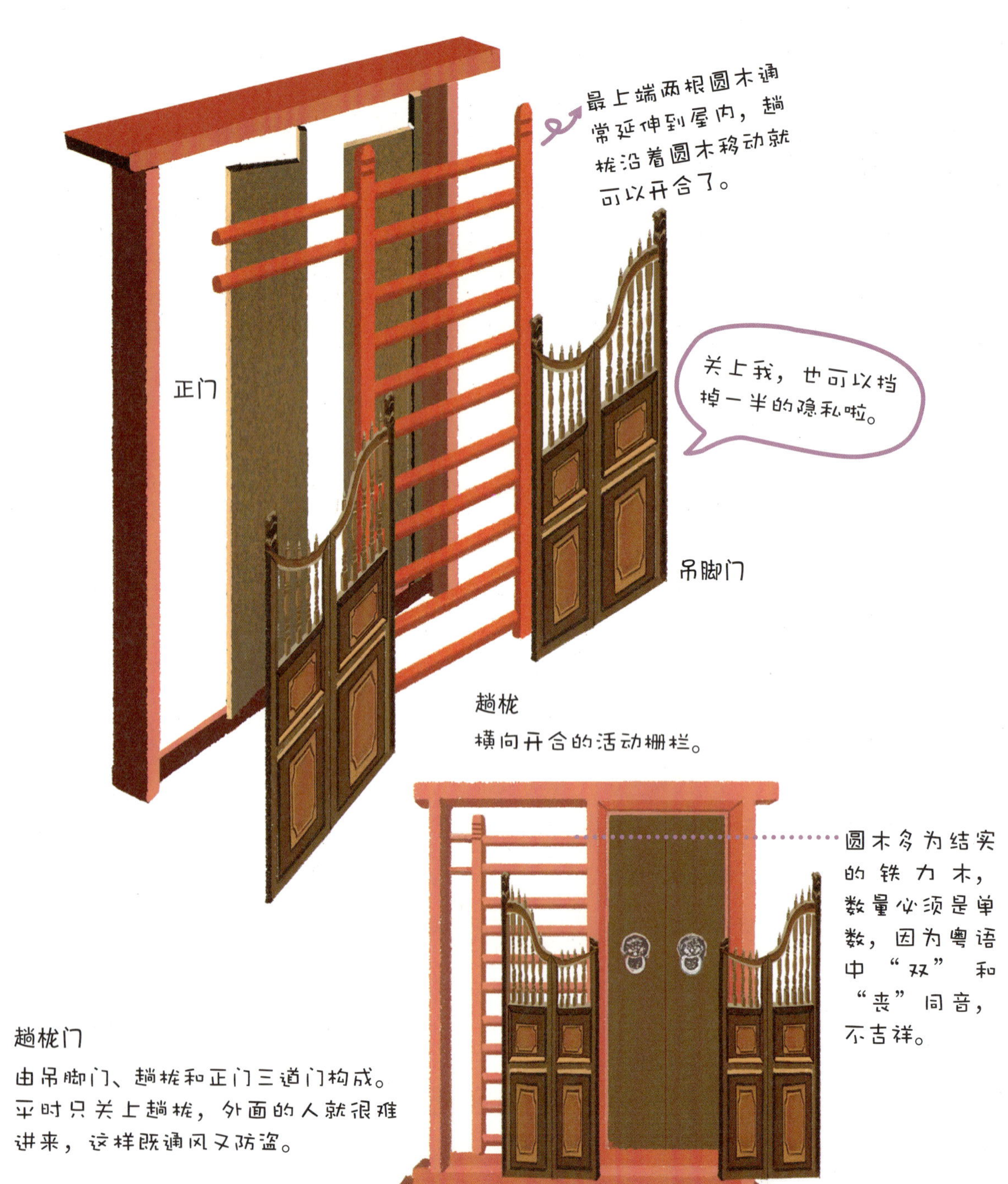

趟栊门

由吊脚门、趟栊和正门三道门构成。平时只关上趟栊，外面的人就很难进来，这样既通风又防盗。

灰塑

鸡公榄

背着公鸡，吹着唢呐，卖橄榄。

美食诱惑

在爱吃的广州人心中，生活最大的享受当然是吃啦！幸福就是可以从早吃到晚。

要几只手才能数完广州的美食呢？烤乳鸽、烤乳猪、叉烧、炒河粉、馄饨面、艇仔粥、姜撞奶……难怪广州人可以从早吃到晚，早茶、中饭、下午茶、晚饭、夜宵……

光是鸡在广州就可以有“一百种做法”，难怪有人开玩笑说“没有一只鸡能活着离开广东”。大概在广州人眼里，广东省的地图也是大鸡腿吧！

也可以从春天吃到冬天。

不知细叶谁裁出，
二月春风似剪刀。

春焖银耳莲子羹
清热养颜，春季美容一整年。

广州根据一年四季不同的时节特征，会用不同的食材煲**糖水**。

广州人口中的“糖水”，
可不是水里加糖这么简单！
它有个更让人难以抗拒的
名字——“甜品”。

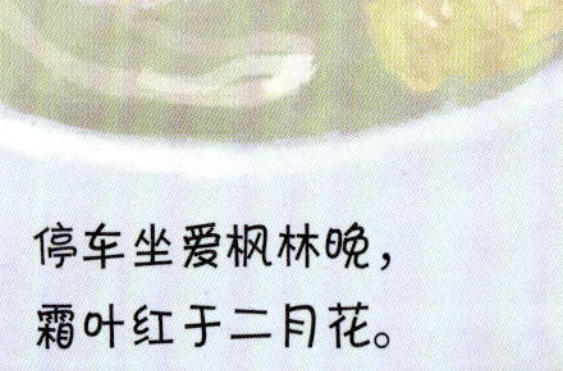

秋炖木瓜雪梨汤
滋阴清润，秋天也不干燥。

停车坐爱枫林晚，
霜叶红于二月花。

夏煮绿豆马蹄

解暑利尿，夏季去暑必备。

冬食红豆汤圆

健脾补血，冬天就要暖暖的。

粤语中是享受、消遣的意思。

广州人常说的“叹早茶”其实就是吃早饭啦，
但这顿早饭吃得可享受了。

堪称享受的早茶可不仅仅是喝茶，还有上百种点心，可以满满堆上一整桌不带重样的，有虾饺、烧麦、叉烧包、蛋挞、肠粉、鸡爪、艇仔粥、牛肉丸、蒸排骨……真是可以一直悠闲地吃到中午呢！

在传统的广州茶楼里，点心会摆放在小推车里，供食客选择。常常一推出厨房就被一抢而空。

蒸蒸日上：

虾饺皇 超 ☐

蟹子烧麦 超 ☐

豉汁蒸凤爪 超 ☐

XO 酱蒸排骨 超 ☐

叉烧包 大 ☐

流沙包 超 ☐

排骨陈村粉 超 ☐

粥好运：

艇仔粥 超 ☐

皮蛋瘦肉粥 大 ☐

明火白粥 小 ☐

肠粉面：

海虾红米肠 特 ☐

干炒牛河 顶 ☐

糖水铺：

杨枝甘露 特 ☐

马蹄糕 中 ☐

刚出笼的虾饺皇一级棒，我应该可以跑得比他快。

茶楼中的点心大多会用“小点、中点、大点、超点、特点、顶点……”来表示价格，方便计数结账。

小点 8 元　中点 12 元　大点 20 元　超点 28 元
特点 36 元　顶点 48 元

哇，这些全是点心呀，太爽了！我一定要以最快的速度冲过去！

其实，广州人最地道的“叹早茶”只有两笼精致的点心和一壶清茶，这便是“一盅两件”。

过去，“盅”指的是用盖碗泡的茶，常见的是铁观音或普洱，可以消食。

从虾饺好不好吃就可以判断这家茶楼正不正宗。

做出的面点呈半透明。

增加弹性。

1 澄面和淀粉混合后，用沸水分数次倒入。

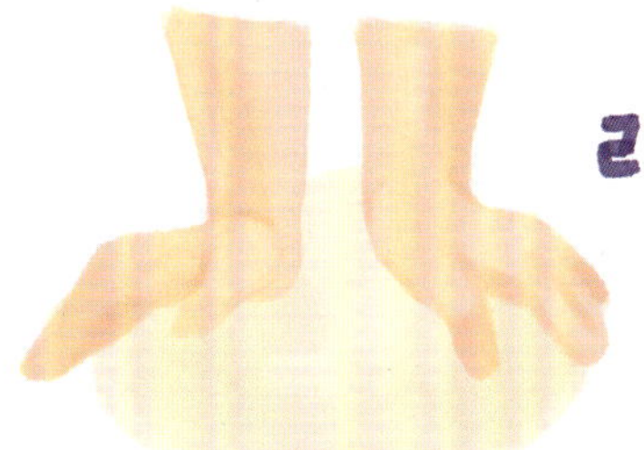

2 不断搅拌揉和。

3 用抹上油的刀背压出虾饺皮。

4 由虾仁、笋丁和猪肉混合调味的内馅，使得口感层次丰富。

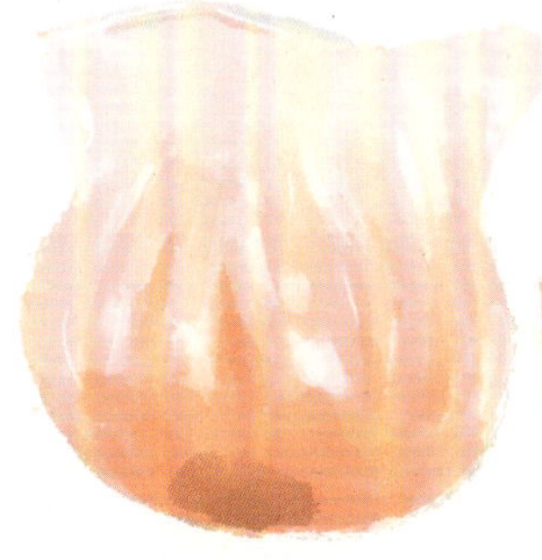

虾饺的吃货品鉴指南：

青铜：晶莹剔透。

白银：不能破皮。

黄金：9个以上漂亮均匀的褶子。

王者：Q弹不粘牙。

广州还有异常**丰富的食材**，传说天上飞的除了飞机，地上四条腿的除了桌椅，其他都能被做成美食呢！

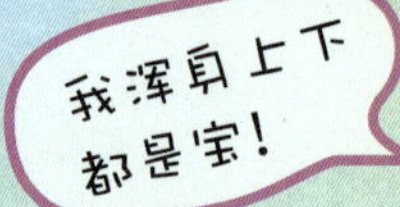

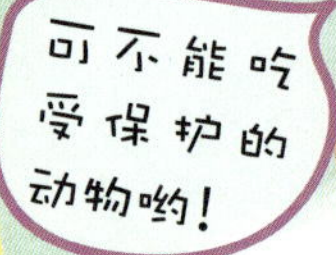

有我的粑粑?！

用鸡屎藤叶做的饼，鸡屎藤有一股独特的味道，甜甜的，还可以清热解毒。

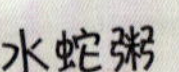

广州人爱吃蛇的记载可以追溯到汉朝。蛇肉细嫩鲜美，蛇胆可以明目、祛风湿，蛇皮还是养颜佳品。

椒盐大王蛇

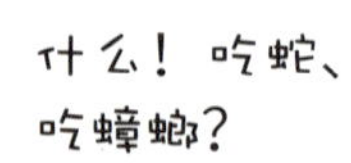

和味水虱

水生甲壳生物，像蟑螂，也叫水蟑螂，蛋白质含量很高。

被广州人发现了我们的价值。
不是煲我的小仔猪啦！他们只是名字野了点。
什么！还吃屎、吃星星？
牛三星
三星是指牛心、牛肝、牛腰，吃的时候加入酸萝卜，十分开胃！
我身上没有星星啊？
煲仔饭
仔在粤语中有“小”的意思，所以就是小砂锅饭的意思。
姜油蛇

有那么多好吃的，真是要挑花眼了。不过结束一天的忙碌回家，喝上一碗妈妈的**煲汤**，该是广州人最温暖的享受了。可能在他们看来，“家”这个字就是屋顶下的一碗汤。

老火汤里可以放各种食材，有苦的药材、甜的红枣枸杞，也有咸的肉类。

慢火炖煮时，热量一点点渗进食物内部，可使肉质松弹，进而保持食物的鲜美和营养。但是汤中的营养物质——蛋白质，更多的存在于原材料中，所以喝汤的同时也要吃肉才能营养与美味兼得哟！

日新月异的广州在高质量发展的道路上奔跑着，但广州人也会慢下来，闲适地“叹生活”……